Harald Weinrich

Vom Leben und Lesen der Tiere

Ein Bestiarium

C.H.Beck

Vorhang auf für die Lesewelt im Bild
von A bis Zoo, emblematisch.
Gleich kommen die Tiere, zahm und wild,
und schon wird es problematisch.

Seht hin, die Affen lächeln sich an,
wenn sie vor dem Spiegel stehen.
Menschen, da lächle oder lache, wer kann,
wenn die im Buch ihr Leben ansehen.

LE JOCKO.

Ist Lesen mühsam, ist Lesen Lust?
Ist es Ameise oder Grille?
Wenn du es unbedingt wissen musst,
pfeif dir ein Liedchen und such deine Brille!

Alle Vögel verreist, von Amsel bis Star.
Eis und Schnee. Nur ein Spatz, was will er?
Schickt dieses Haiku / für dich zu Neujahr,
online. / Der Wind wird stiller.

Mit Mühe geklettert auf einen Ast
(so war es, ungelogen),
hat der Urvogel* den Entschluss gefasst:
Von morgen an wird geflogen.

* Archäopteryx.

Tauch ab mit dem Buch zur Austernbank.
Kostbare Perlen kannst du dort finden.
Das sind die Tränen des Dichters. Dank
ihm sein schlechtes Befinden.

Ein Krimi im Bett bei Lampenlicht
ist wie der Große Bär oder Wagen.
Das ist gar kein Tier und beißt dich nicht.
So kannst du es bestens ertragen.

L'OURS BRUN,
des Alpes.

Das Frühstück im Stehn. Grüner Tee. Toast. Kein Ei.
Kein Brötchen mit Marmelade.
Auch kein Honig von emsigen Bienen dabei.
Keine Zeit für die Zeitung. Schade.

Geschichtslektüre: heraldischer Aar,
das heißt Adler mit ein, zwei Köpfen.
Ich mache dir lieber am Blutegel klar,
wie die Großen die Kleinen schröpfen.

Liebesroman – oh Schlangenbrut!
Oh Todesumarmung der Boa!
Kaninchen und Leser, seid auf der Hut
selbst in der Arche Noah!

Wenn Tiere lesen können, von wem
werden sie dann ihr Lieblingsbuch wählen?
Sie lassen sich, denk ich, vom alten Brehm
am liebsten ihr Leben erzählen.

Fachlektüre. Der Dachs im Bau
studiert ein Buch über Statik.
Strömungstechnik studieren Herr Biber und Frau.
Und was studierst du? Emblematik.

LE BLAIREAU.

Ein Abenteuerbuch ist ein Delphin,
nimmt dich auf seinen Rücken.
Lass dich von ihm durch die Wellen ziehn!
An Land kann das nicht glücken.

Buchmesse Frankfurt: Hallo, Elefant!
Was lässt du uns diesmal erleben?
Tänzelst du auf der Hinterhand?
Sieht man dich wieder schweben?

L' ELEPHANT.

Das Einhorn ist nicht in der freien Natur
zu sehn und zu fotografieren.
Es zeigt sich in alten Handschriften nur
beim Lesen und Buchstabieren.

An der Lesesaaltür im Escorial
liest eine Elster, sie solle nicht stehlen,
sonst drohe ihr ewige Höllenqual
wie den andern todsündigen Seelen.

Mit Illustrierten-Lektüre bist du im Bild
und im Bett bei den Prominenten.
Du siehst das Leben rosa bebrillt.
Es schnattern geschäftig die Enten.

Die Eule des Lesens lebt in Athen.
Die Akropolis ist ihr Gelände.
Sie kann Aristoteles verstehn.
Das allein spricht Bände.

Auch das Nichtlesen gibt es im Bestiär:
Das ist der Echo-Esel.
Bürgermeister wird der bestimmt nicht mehr,
außer in der Stadt W...

Schläfst du beim Lesen manchmal ein,
macht es nichts, das kann jedem passieren.
Ja, solltest du selbst ein Faultier sein,
brauchst du dich auch nicht zu genieren.

F

L'AI ADULTE.

Mein lieber Fasan, du bist kein Pfau,
schreib lieber mit Hühnerfedern!
In puncto Geflügel ist die Kritik sehr genau,
traut nur eigenen Pfauenrädern.

Es kommen die Fische von fern und nah,
aus dem Wasser ragen die Köpfe.
Der heilige Antonius von Padua
predigt heute für *alle* Geschöpfe.

Die Fledermaus, seit Johann Strauß
kennt man ihr Flatterwesen.
Sie ruht am Tag, nachts fliegt sie aus.
Und so ein Wesen kann Noten lesen!

Die Stubenfliege, was kreist sie hier?
Stört sie dich oder hilft sie beim Lesen?
Mitlesen will sie vielleicht bei dir,
wäre selbst gern belesen gewesen.

Beim Lesen ins Träumen geraten: Oh!
Ist das ein Hüpfen und Springen!
Hat man erst einmal den Lesefloh,
ist er nur zu zweit zu bezwingen.

Wenn die Geschöpfe dereinst, beim Jüngsten Gericht,
der Urteilsverlesung sich stellen,
fehlt hoffentlich Schuberts Forelle nicht,
um die Stimmung dort aufzuhellen.

Lieber Laubfrosch, rühre dich
und melde für morgen Regen.
Für solche Leseleute wie mich
ist jeder Regen ein Segen.

Spannend, spannend! Dies Buch ist ein Fuchs.
Du musst ihn sofort vertreiben,
sonst können dir wegen des einen Buchs
alle Gänse gestohlen bleiben.

Dass sie am schnellsten lesen kann,
wie schafft das die Lesegazelle?
Wie kommt sie nur so pfeilschnell voran?
Sie bewegt sich nicht von der Stelle.

G

LA GAZELLE.

Ein Geier frisst ewig im Kaukasus
an Prometheus' unendlicher Leber.
Das Herz, Leser, sei beim Lesegenuss
dein Organ als Spender und Geber.

Liest du nur gehobene Literatur,
bist du eine Lesegiraffe
und trinkst auch den Rotwein vermutlich nur
aus einer Kristallkaraffe.

Ich kenne ein Gnu (Junge, hör zu!),
das sieht man fröhlich zur Schule flitzen.
Es liest, lernt Latein und bleibt (anders als du!)
nicht auf seinen drei Buchstaben sitzen.

Ein weibliches Gnu (glaub mir, Anne-Marie!)
rennt nicht bei Dunkelheit noch durch die Savanne.
Es liest, tanzt Ballett und verspätet sich nie.
Erziehung geht vor Beziehung
                       (meint auch Marie-Anne!).

Bist Glühwürmchen du zur Sommerzeit ganz
ohne Glück in der Liebe geblieben,
dann nutze deine Leuchtsubstanz,
um das Lieben beim Lesen zu üben.

Auf dem Sofa liegen und lesen: ein Hündchen streicheln wie weiße Wolle.
Steck dir ruhig noch eine Praline ins Mündchen. Draußen regiert Frau Holle.

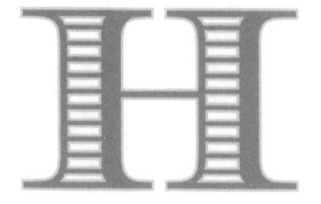

LE BICHON.

LE CHIEN LION.

Am Atlantik wär's schade beim Bad im Meer,
du würdest vom Hai gebissen.
Wie spannend am Strand *Moby Dick* sonst wär',
das kann der Hai ja nicht wissen.

Der Hase hat für das Lesen nie Zeit,
er läuft und läuft um die Wette.
Das Igelpaar liegt und liest. Zu zweit
gewinnt es die Wette im Bette.

Wann ist der Leser denn ein Hecht
mit messerscharfen Zähnen?
Wenn er als Kritiker sich erfrecht,
im Karpfenteich zu gähnen.

Memoiren lesen: ein weißer Hengst
aus Lipizzaner Rasse.
Du siehst seine hohe Schule und denkst:
Der ist unerreichbare Klasse!

Heuschrecken, man kennt euch schon lange so.
Beim Pharao wart ihr die achte Plage.
Bleibt bloß in Ägypten! *A propos*:
Wie sind dort die Börsenkurse vom Tage?

Die Tageszeitung sei dein Hund
zur täglichen treuen Begleitung.
Liegt morgens vor deiner Türe und
steht selber nie in der Zeitung.

Der Mensch ist aus krummem Holz gemacht.
Zitat Kant. Seine Katze hat gleich, miauend,
den krummsten Buckel hervorgebracht,
dem Wort ihres Meisters vertrauend.

LE CHAT DOMESTIQUE

Den Einkaufsbeutel fest vor dem Bauch
und dann große Sprünge machen!
In Australien, liest man, ist das der Brauch.
Ach, Kängurus, ihr habt gut lachen!

Die Wüste ein Buch. Es liest das Kamel
und träumt von einer Oase.
Die Karawane zieht weiter. Fidel
schneuzt es sich den Sand aus der Nase.

Ich Katze, du Hund und umgekehrt,
das sind unsere komischen Rollen.
Schnell her mit dem Skript, Bill[1], Fritz[2] oder Bert[3],
wenn wir das Stück tragisch spielen sollen.

1 1564–1616
2 1759–1805
3 1898–1956

Ihr seid je zur Hälfte Mensch und Pferd,
ihr Kentauren oder Zentauren.
Vom Mythos werdet ihr doppelt geehrt,
von mir seid ihr halb zu bedauern.

Eine Krähe kreist über Stall und Haus:
der Rezensent in der Nähe!
Er hackt mir doch wohl kein Auge aus?
Bin selber eine Krähe.

Die Kraniche ziehn. Eine fliegende 1.
Was sagen Sie dazu, Herr Vogelbeschauer?
Eine 1 ist nicht 2 und ist nicht keins.
Wissen Sie's, großer Augur, genauer?

Krebs, Löwe, Jungfrau und so fort
sind bei Nacht unsere Lesezeichen.
Sie leuchten der Welt als Bücherbord,
bis sie dem Alltagslicht weichen.

Der Kuckuck als Dichter und Dichterin
nutzt für seine Gedichte als Nester
die Leihbibliotheken. Geh hin
und brüte sie aus, mein Bester.

Etwas wiederlesen in Muße und Ruh,
es, bildlich gesagt, wiederkäuen.
Da wächst im Verhältnis von Kuh und IQ
schon wieder die Lust am Neuen.

Ein Mensch, ein Adler, ein Löwe, ein Stier:
Who is who der vier Evangelisten.
Nun ran an das Quiz! Bleistift und Papier!
Es gibt härtere Nüsse zu knacken für Christen.

LE LION.

Erbauungslektüre, ein zahmes Lamm.
Du kannst es als Sinnbild preisen,
es freundlich umarmen und dann noch am
gleichen Tag ohne Reue verspeisen.

Heftchen vom Kiosk: Läuse im Pelz
des literarischen Lebens.
Den einen juckt es, dem andern gefällt's,
der Kritiker jagt sie – vergebens.

Gender studies. Daniel liest
ohne Arg in der Löwinnengrube.
Pass auf, kleiner Danny, dass nur kein Biest
bemerkt, du bist ja ein Bube.

Stadtmaus und Feldmaus, früher einmal
durch ewige Feindschaft geschieden,
nagen vereint jetzt im Lesesaal
an Kants Schrift vom ewigen Frieden.

LE CAMPAGNOL

Es fehlten dem Mammut im Zeozon
noch Gutenbergs bleierne Lettern,
doch konnte es mit seinen Stoßzähnen schon
im Erdschichtkalender blättern.

Der Maulwurf, der unter der Erde wohnt
in langen, finsteren Gängen,
weiß alles über Sonne und Mond
nur aus orphischen Gesängen.

Nach China reisend, nimm nicht deinen Mops,
nimm ein dickes Buch, lass dir raten.
Ein Koch fängt den Mops, und schon ist er hops.
Ein Buch ist so leicht nicht zu braten.

Stechmücken, verdammt, seid mit eurem Gesumm
den Schnäbeln der Dohlen empfohlen.
Ich schlage nicht euch, nur die Buchseiten um,
doch, zum Henker, wo bleiben die Dohlen?

Nun fehlt noch in meinem Sortiment
Emma, die lesende Möwe.
Sie will nicht, dass man sie erkennt.
Sie ist nämlich ein Löwe.

Das Nilpferd (*Hippopotamus*)
liest aus Freude an seinem Namen
nur griechische Wälzer mit Genuss.
Kyrie eleison, Amen.

L'HIPPOPOTAME.

Vergiss mir nicht die Nachtigall:
Liebesbriefe schreiben und lesen!
Sie erfüllt dein Herz mit süßem Schall.
Wenn du krank bist, wirst du genesen.

Vom Futter der Verse ernährt sich bequem,
vom Dichter gezeugt und geboren,
das Morgenstern'sche Nasobem.
Ohne Leser wär's verloren.

Falls du *animal rationale* heißt,
Mensch, gib dem Orang zu lesen!
Er hat wie du selber Seele und Geist
und ein wissbegieriges Wesen.

Zwei Pferde im Kreuzworträtselland,
Schwarzpferd und Weißpferd mit Namen:
Wie hat man sie früher nur genannt,
als die Leute sie noch zu sehen bekamen?

P

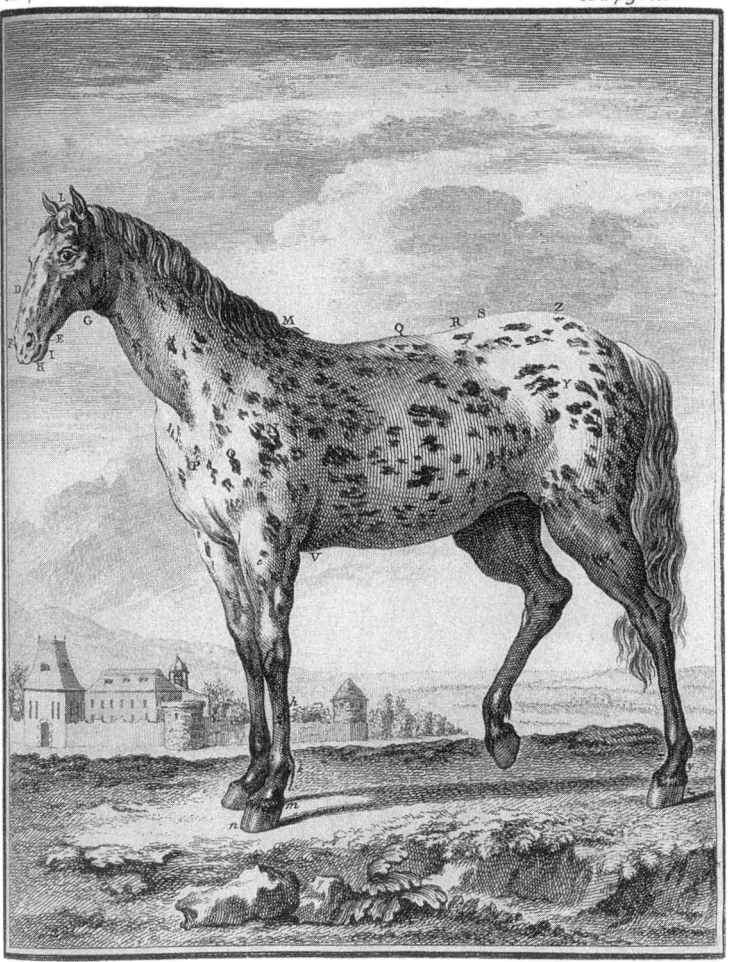

Tom. 4. Pl. I. pag. 366.

J.B. Oudry pinx. C. Baquoy sculp.

Die Papageien in unserem Land
machen alles mit ihren Schnäbeln.
Lesen und schreiben mit Sinn und Verstand,
das können sie auch – nur nicht schwäbeln.

Pegasus heißt das geflügelte Pferd,
es berät die Dichter beim Würzen.
Für eilige Leser hat höheren Wert
sein Fohlen, das hilft beim Kürzen.

Ein Pelikan und ein Kormoran
aus südlichen Gefilden
schauen still auf den weiten Ozean.
Das ist ihre Art, sich zu bilden.

Am liebsten isst Peter den Petersfisch,
gekocht oder auch gebraten.
Doch wer bringt den Fisch auf den Herd, auf den Tisch?
Petra. Richtig geraten.

Wenn die Menschheit einst ausgestorben ist,
wollt ihr Primaten und sonstigen Affen
dann Darwin lesen? Dass ihr's nur wisst,
die Auswahl der Besten ist so nicht zu schaffen.

Brauchst du zum Vorlesen Publikum,
sei dir zur Antarktis geraten.
Da stehen die Pinguine müßig herum,
ganz Ästheten und Literaten.

Das Buch ist bald aus, mein Phönix verbrannt.
Doch lasst euch überraschen!
Nehmt einfach ein neues Buch zur Hand:
Der Phönix ersteht aus den Aschen!

Einfühlsam lesen: ein scheues Reh,
äsend auf einer Lichtung.
Bleib stehen! Schweig still! Dies ist die Idee
der lyrisch-romantischen Dichtung.

Tom. VI. Pl. XXXII. Pag. 286.

De Seve delin. C. Baquoy sculp.

LE CHEVREUIL

Der Herr Jesus ist unser guter Hirt,
liebt jedes von seinen Schafen.
Wenn das von der Kanzel verkündet wird,
sollst du dummes Schaf nicht schlafen.

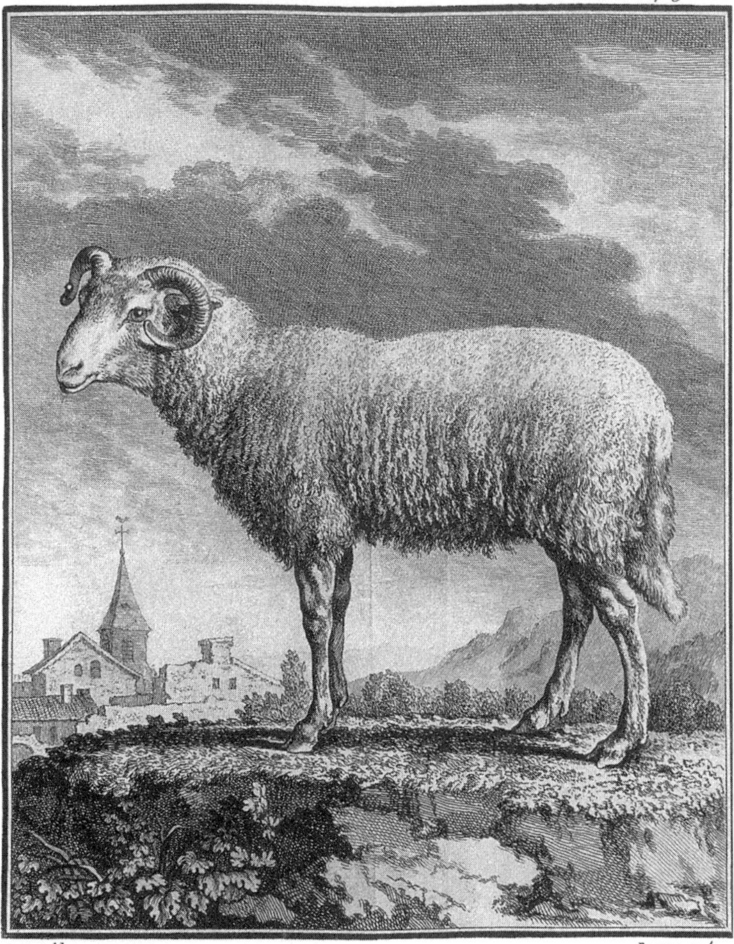

De Seve del. Baquoy sculp.

Wer hat denn als Erster im Paradies
mit der ganzen Leserei angefangen?
Es war die Schlange, die zischte: Lies!
Seither röten sich beim Lesen die Wangen.

Schildkröten sind eine Spätleseart.
Sie fangen zu lesen mit achtzig an.
Schildkrötinnen sind mit siebzig am Start.
Regt da kein Verdacht sich, Mann?

Kindheitslektüre, oh Schmetterling
im Flug zwischen Himmel und Erden!
Es kann wohl aus dir, du Flatterding,
noch ein schöner Bücherwurm werden.

Dass sie so unendlich langsam liest,
wie macht das die Leseschnecke?
Wenn man wie sie, was man liest, genießt,
dann braucht man viel Zeit für die Strecke.

Herr Borges, was raten Sie denn einem Specht,
der an Ihre Tür klopft mit dem Schnabel
und will alles lesen, von der Bibel bis Brecht?
«Willkommen, Herr Grünspecht, in Babel!»

Bildungslektüre: schwarzer Schwan[1]
von Mantua[2] oder von Theben[3].
Du rührst mich mit Furcht und Mitleid an[4].
Sing weiter und bleib am Leben[5]!

[1] Zum Schwan (*cycnus musicus*) als dem heiligen Vogel Apolls und als dem Symboltier der Dichtung vgl. Claudius Aelianus (2. Jahrh. n. Chr.): *Von der Natur der Tiere* (Original lateinisch) II, 32 und XIV, 13.

[2] Berühmtes Beispiel für die rhetorische Figur der Antonomasie: Vergil = «Schwan von Mantua».

[3] Theben ist von den Epigonen (den Söhnen der «Sieben gegen Theben») erobert worden. Seit Immermanns Familienroman *Die Epigonen* (1836) stehen diese für «epigonale», das heißt, nichtoriginale und zweitrangige Dichtung.

[4] Zu Furcht (*phóbos*) und Mitleid (*éleos*) vgl. Aristoteles: Poetik 1449 b 27.

[5] Hier verwickelt sich der Autor in Widersprüche, denn der «Schwanengesang» ist der Todesgesang dieses Vogels. Wie kann der Autor gleichzeitig wünschen, dass der Schwan sein Todeslied singt und dennoch am Leben bleibt!

Halb Löwe, halb Menschenwesen, so fing's
mit Rätseln an, die Leute zu schrecken.
Um Leben und Tod ging's dieser Sphinx.
Auch wollte sie Leserinteresse wecken.

Was seid ihr uns spinnefeind gesinnt,
wenn wir fleißig spinnen in euren Ecken?
Wo ungelesene Bücher sind,
da nutzen wir sie zu eigenen Zwecken.

Ein Buch ist manchmal ein wilder Stier.
Reizt ihn nur nicht mit roten Tüchern,
sonst nimmt er euch auf die Hörner, und ihr
seid am Ende mit euren Büchern.

Herr Dichter, von Ihrem Voraushonorar
ist das Konto längst überzogen.
Kein Wort mehr von Stör und Kaviar!
Auch ein Dorsch hat echten Rogen.

Dass du, guter Storch, die Kinder bringst,
ist als Leistungsnachweis plausibel.
Nun bleib als Au-pair, dass in den Schlaf du sie singst,
und lies mit den Kindern die Bibel.

Stecke nicht, Freund Strauß, wenn die Bücherwelt bebt,
deinen Kopf in den Sand der Versenkung.
Kopf hoch, junger Freund! Harry Potter lebt!
Und nun Schluss mit der dummen Verrenkung!

Wer verschlingt mehr Leser im Menschenzoo,
der Papier- oder der indische Tiger?
Bei lammfrommen Lesern zählt so oder so
jede Art Tiger als Sieger.

LE TIGRE.

Gott Vater, Gott Sohn und Gott Heiliger Geist,
letzterer im Bild einer Taube.
Dass der Heilige Geist so tierfreundlich heißt:
Tolle lege. Lies es und glaube!

Wer bin ich? Wer du? Ich Mensch, du Tier.
Sind wir wirklich so unterschiedlich?
Ihr verschlingt einander. Und was tun wir?
Verschlingen wir etwa nur Bücher, ganz friedlich?

Der biblische Noah liebte den Wein,
war leider oft sinnlos betrunken.
Doch die Tiere gerettet hat er allein.
Seine Arche ist nicht versunken.

Findest du in der Bibel nicht Lesetrost,
dann wende den Blick zu den Tieren.
Der Himmel wird ohne sie ausgelost.
Was haben sie schon zu verlieren?

Vorsicht: Schullektüre – ein Tintenfisch!
Wer kennt nicht die alte Finte?
Liegt appetitlich auf dem Tisch
und verspritzt plötzlich rote Tinte.

Wenn du Tiere liebst und Fabeln magst,
kerndeutsche oder französisch-mondäne,
dann merk dir drei L, wenn nach Namen du fragst,
lies Luther, Lessing und La Fontaine.

Ihr Zugvögel könnt, ob bebrillt, ob beringt,
viele Landschaften sehen und lesen.
Benvenuti, merhaba, wenn der Süden euch winkt,
bei den anders sprechenden Wesen.

V

Tom. VI. Pl. VI. pag. 134.

De Seve del. C. Baron Sc.

Voliere, so nennt man den Kaufplatz Buch,
wo die neuesten Bestseller liegen
und wo flinke Vögel beim Shopping-Besuch
sie hin und her überfliegen.

Dein Lesen bedroht kein Wolf im Wald,
Großmutter, lies ruhig weiter!
Ein neues Buch bringt Rotkäppchen bald,
und sie weiß schon, du liebst es heiter.

LE LOUP.

Der Windhund wird nur einen Moment
in diesem Buch belichtet.
Sein Sinn ist, wenn er rennt, als wenn's brennt,
nur auf Guinness' *World Records* gerichtet.

Wer möchte nicht ein Wildpferd sein
in jungen Lesejahren!
Wie's später geht mit Sein und Schein?
Lies weiter. Du wirst es erfahren.

Mit Jonas gefangen im Walfischbauch.
Der Prophet hat die Bibel bei sich.
Da steht, er werde gerettet. Wir auch?
Er glaubt und hofft. Das Wasser ist eisig.

Am Zoo-Garten Eden das große Tor
steht Lesern und Tieren offen.
Schon hört man von drinnen gemischten Chor.
Lasst, Freunde, auf Einlass uns hoffen.

Index der Tiere

Adler (Aar) 15, 68
Affe 6, **7**, 94
Ameise 8
Amsel 9
Archäopteryx 10
Auster 11

Bär 12, **13**
Biber 18
Biene 14
Blutegel 15
Boa 16

Dachs 18, **19**
Delphin 20
Dohle 79
Dorsch 111

Einhorn 24
Elefant 22, **23**
Elster 25
Ente 26
Esel 28
Eule 27

Fasan 32
Faultier 30, **31**
Fische 33, 93
Fledermaus 34
Fliege (Stuben-) 35
Floh 36
Fohlen 91
Forelle 37
Frosch (Laub-) 38
Fuchs 39

Gans 39
Gazelle 40, **41**
Geier 42
Giraffe 43
Glühwürmchen 46
Gnu 44, 45
Grille 8

Hai 50
Hase 51
Hecht 52
Hengst 53
Heuschrecken 54
Hund 48, **49**, 55, 60

Igel 51

Känguru 58
Kamel 59
Kaninchen 16
Karpfen 52
Katze 56, **57**, 60
Kentaur 61
Kormoran 92
Krähe 62
Kranich 63
Krebs 64
Kuckuck 65
Kuh 66

Lamm 70
Laus 71
Löwe 64, 68, **69**, 72, 80, 108

Mammut 76
Maulwurf 77
Maus 74, **75**
Möwe 80
Mops 78
Mücke (Stech-) 79

Nachtigall 84
Nasobem 85
Nilpferd 82, **83**
Orang Utan 86

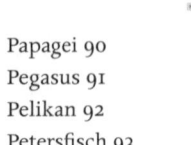

Papagei 90
Pegasus 91
Pelikan 92
Petersfisch 93
Pfau 32
Pferd 61, 88, **89**, 91
Phönix 96

Pinguin 95
Primaten 94

Rappe 88
Reh 98, **99**

Schaf 100, **101**
Schildkröte 103
Schimmel 88
Schlange 16, 102
Schmetterling 104
Schnecke 105
Schwan 107
Spatz 9
Specht (Grün-) 106
Sphinx 108
Spinne 109
Star 9
Stier 68, 110
Stör 111
Storch 112
Strauß 113

Taube 116
Tiger 114, **115**
Tintenfisch 120

Urvogel 10
Vogel 9, **123**, 124

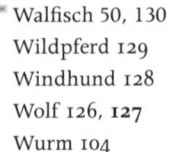

Walfisch 50, 130
Wildpferd 129
Windhund 128
Wolf 126, **127**
Wurm 104

Zentaur s. Kentaur
Zugvögel 122

Über den Autor

Harald Weinrich, geb. 1927, war nach Professuren in Kiel, Köln, Bielefeld und München zuletzt Professor für Romanistik am Collège de France, Paris. Er hat für sein Lebenswerk unter anderem den Sigmund-Freud-Preis, den Hanseatischen Goethe-Preis und den Joseph-Breitbach-Preis erhalten.
Von Harald Weinrich sind im Verlag C.H.Beck erschienen: *Lethe. Kunst und Kritik des Vergessens* (^{3}2000) in der bsr als Band 1633 (2005), *Linguistik der Lüge* (^{6}2000) in der bsr als Band 1372 (^{2}2007), *Kleine Literaturgeschichte der Heiterkeit* (2001), *Tempus. Besprochene und erzählte Welt* (^{6}2001), *Knappe Zeit. Kunst und Ökonomie des befristeten Lebens* (^{3}2005) in der bsr als Band 1843 (2008), *Wie zivilisiert ist der Teufel? Kurze Besuche bei Gut und Böse* (2007).

Mit 18 Kupferstichen
von Georges Louis Marie Leclerc, Compte de Buffon, genannt Buffon.
Aus: *Buffon illustré: Les gravures de l'Histoire naturelle* (1749–1776)

© Verlag C. H. Beck oHG, München 2008
Gesetzt aus der Apollo MT und der Chevallier Stripes
Umschlaggestaltung: *www-kunst-oder-reklame.de*
Druck und Bindung: Friedrich Pustet, Regensburg
Gedruckt auf säurefreiem, alterungsbeständigem Papier
(hergestellt aus chlorfrei gebleichtem Zellstoff)
Printed in Germany
ISBN 978 3 406 57822 9

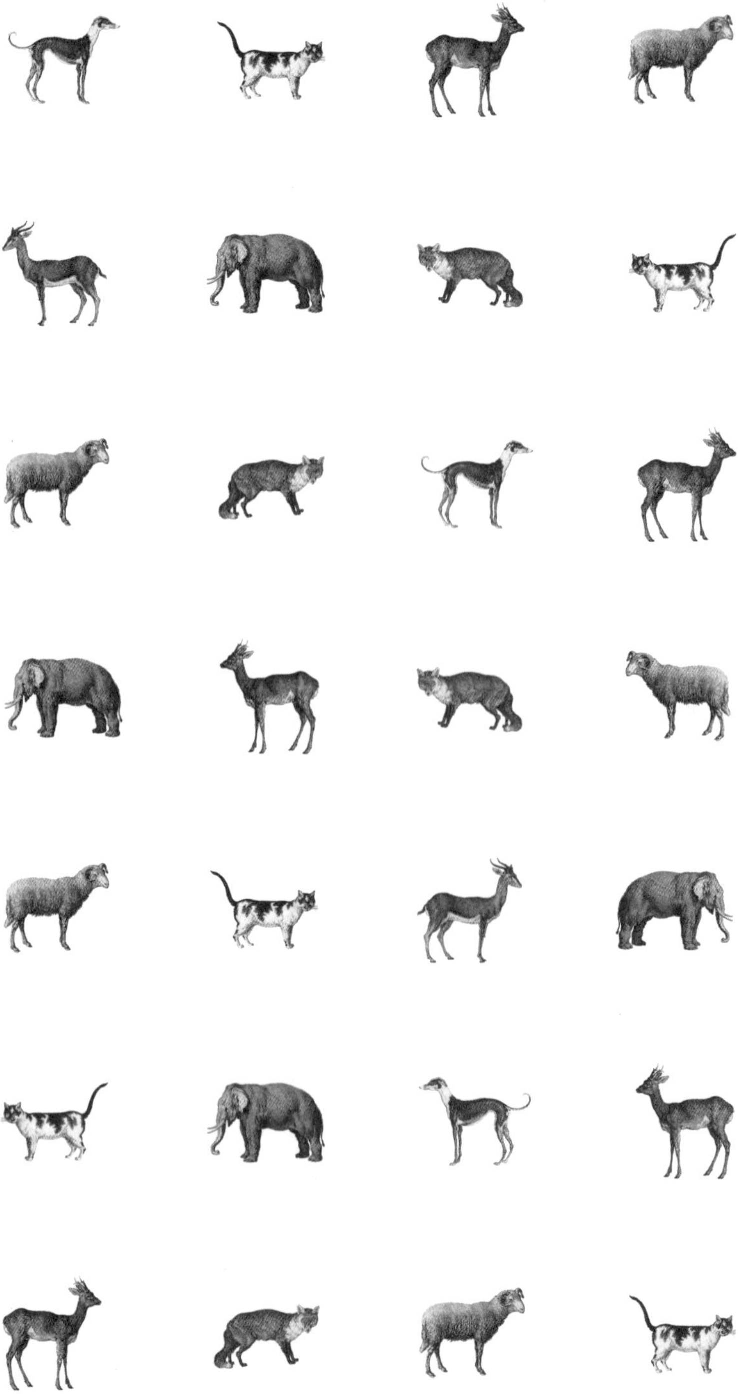